Introduction à Windows 11

Windows 11 offre une expérience utilisateur réinventée avec une interface épurée, centrée sur la simplicité et la productivité. L'accent est mis sur une navigation plus intuitive grâce au menu Démarrer repensé, situé au centre de la barre des tâches, offrant un accès rapide à vos applications et fichiers fréquemment utilisés. La gestion des fenêtres a également été améliorée avec des fonctionnalités comme Snap Layouts et Snap Groups, facilitant le multitâche et l'organisation de votre espace de travail.

Exemple :

1 Accéder rapidement à vos applications fréquemment utilisées
- Appuyez sur la touche Windows pour ouvrir le menu Démarrer.
- Vos applications fréquemment utilisées apparaissent dans la partie supérieure du menu. Cliquez sur une application pour la lancer rapidement.

2 Utiliser Snap Layouts pour organiser les fenêtres
- Survolez le bouton d'agrandissement en haut à droite d'une fenêtre ouverte.
- Sélectionnez un des modèles de Snap Layouts qui apparaît pour organiser automatiquement votre fenêtre dans une portion de l'écran.

3 Personnaliser la barre des tâches
- Clic droit sur un espace vide de la barre des tâches.
- Sélectionnez "Paramètres de la barre des tâches" pour ajuster sa position, la taille des icônes, ou

masquer automatiquement la barre des tâches en mode bureau.

4 Utiliser les bureaux virtuels pour séparer le travail des loisirs
- Appuyez sur Windows + Tab pour ouvrir la vue des tâches, puis cliquez sur "+ Nouveau bureau" en haut de l'écran.
- Glissez et déposez vos fenêtres ouvertes dans les bureaux appropriés pour organiser votre espace de travail et vos activités de loisirs séparément.

Gestion des fichiers et dossiers

L'Explorateur de fichiers de Windows 11 a été modernisé pour une meilleure expérience utilisateur. Vous pouvez facilement organiser, rechercher et gérer vos documents, images, et autres fichiers. Utilisez les onglets Quick Access pour accéder rapidement aux fichiers récemment utilisés et aux dossiers fréquemment visités. Pour une organisation efficace, utilisez les options de tri et de filtrage, et créez des dossiers pour regrouper des fichiers similaires.

Exemple :

1 Créer un nouveau dossier
- Ouvrez l'Explorateur de fichiers en appuyant sur Windows + E.
- Naviguez jusqu'à l'emplacement où vous souhaitez créer un nouveau dossier.
- Cliquez avec le bouton droit de la souris dans un espace vide, sélectionnez "Nouveau", puis "Dossier".
- Nommez votre nouveau dossier et appuyez sur Entrée.

2 Utiliser la recherche dans l'Explorateur de fichiers
- Dans l'Explorateur de fichiers, utilisez la barre de recherche en haut à droite pour trouver rapidement des documents, des photos, ou d'autres fichiers en tapant les noms ou une partie des noms de fichier.

3 Partager un dossier sur le réseau
- Clic droit sur le dossier à partager, puis sélectionnez "Donner accès à" > "Des personnes spécifiques".
- Choisissez les utilisateurs avec lesquels partager le dossier et définissez leurs niveaux d'accès.

4 Restaurer des fichiers supprimés à partir de la corbeille

- Ouvrez la Corbeille depuis le bureau.
- Cliquez avec le bouton droit sur le fichier que vous souhaitez restaurer et sélectionnez "Restaurer".

Paramètres de personnalisation

Windows 11 permet une personnalisation poussée de votre environnement de travail. Vous pouvez changer l'arrière-plan du bureau, les couleurs du système, la taille et l'apparence de la barre des tâches, et bien plus encore. Accédez aux Paramètres > Personnalisation pour explorer toutes les options disponibles et ajuster l'interface selon vos préférences.

Exemple :

1 Changer l'arrière-plan du bureau
- Accédez à Paramètres > Personnalisation > Arrière-plan.
- Sélectionnez une image sous "Choisir votre image" ou cliquez sur "Parcourir" pour choisir une image de votre ordinateur.

2 Ajuster le mode Clair ou Sombre
- Allez dans Paramètres > Personnalisation > Couleurs.
- Choisissez entre Clair, Sombre, ou Personnalisé sous "Choisir votre mode".

3 Activer le mode Nuit pour réduire la fatigue oculaire
- Allez dans Paramètres > Système > Affichage > Paramètres de la lumière nocturne.
- Activez la lumière nocturne et ajustez l'intensité et l'horaire selon vos préférences.

4 Changer les sons système
- Dans Paramètres > Système > Son, cliquez sur "Paramètres de son avancés".

- Choisissez "Sons" pour ouvrir la boîte de dialogue des propriétés de son, où vous pouvez personnaliser les sons pour différents événements système.

Applications et Microsoft Store

Le Microsoft Store a été entièrement repensé dans Windows 11, offrant une interface plus claire et une meilleure expérience de recherche d'applications. Vous y trouverez une vaste sélection d'applications, de jeux, et de services. Pour installer une application, recherchez-la dans le Store et cliquez sur "Installer". Gérez vos applications installées via Paramètres > Applications.

Exemple :

1 Installer une application depuis le Microsoft Store
- Ouvrez le Microsoft Store depuis la barre des tâches ou le menu Démarrer.
- Utilisez la barre de recherche pour trouver une application.
- Cliquez sur "Installer" pour télécharger et installer l'application sur votre PC.

2 Gérer les mises à jour des applications
- Dans le Microsoft Store, cliquez sur les trois points en haut à droite et sélectionnez "Téléchargements et mises à jour".
- Cliquez sur "Obtenir les mises à jour" pour mettre à jour toutes vos applications installées.

3 Trouver des applications recommandées
- Dans le Microsoft Store, consultez la section "Collections" pour découvrir des applications recommandées par Microsoft pour différentes catégories d'utilisation.

4 Gérer les autorisations des applications

- Allez dans Paramètres > Confidentialité et sécurité, puis sélectionnez les autorisations d'application (comme la caméra, le microphone) pour gérer quelles applications peuvent y accéder.

Sécurité et maintenance

Windows 11 intègre des fonctionnalités avancées de sécurité et de maintenance pour protéger votre système et vos données. Windows Security offre une protection en temps réel contre les menaces, tandis que Windows Update maintient votre système à jour. Configurez les options de sauvegarde dans Paramètres > Mise à jour et sécurité pour protéger vos fichiers.

Exemple :
1 Effectuer une vérification de sécurité avec Windows Security
- Accédez à Paramètres > Mise à jour et sécurité > Sécurité Windows.
- Cliquez sur "Ouvrir Sécurité Windows".
- Sélectionnez "Vérification rapide" pour scanner votre PC à la recherche de menaces.

2 Créer un point de restauration
- Tapez "Créer un point de restauration" dans la barre de recherche Windows et ouvrez le panneau de configuration correspondant.
- Cliquez sur "Créer" et suivez les instructions pour créer un point de restauration système, vous permettant de restaurer votre système à cet état en cas de problème.

3 Activer le contrôle parental
- Dans Paramètres > Comptes > Famille et autres utilisateurs, vous pouvez ajouter des membres de votre famille et configurer des contrôles parentaux pour surveiller et gérer leur utilisation de l'ordinateur.

4 Vérifier l'intégrité du disque

- Faites un clic droit sur le disque à vérifier dans l'Explorateur de fichiers, sélectionnez "Propriétés", puis l'onglet "Outils" et cliquez sur "Vérifier" sous Vérification des erreurs.

Navigation sur Internet avec Microsoft Edge

Microsoft Edge, le navigateur par défaut de Windows 11, est conçu pour la sécurité et la rapidité. Il intègre des fonctionnalités comme Collections pour organiser vos recherches et Vertical Tabs pour une meilleure gestion des onglets. Utilisez Edge pour une navigation sûre et efficace, avec des outils intégrés pour améliorer votre productivité en ligne.

Exemple :
1 Ajouter un site web aux favoris
- Ouvrez le site web que vous souhaitez enregistrer dans Microsoft Edge.
- Cliquez sur l'étoile à droite de la barre d'adresse pour ajouter le site aux favoris.

2 Utiliser le mode Lecture
- Sur un site web compatible, cliquez sur l'icône de livre dans la barre d'adresse pour activer le mode Lecture, offrant une vue épurée sans distractions pour lire des articles.

3 Épingler des sites web à la barre des tâches
- Ouvrez le site web dans Edge, cliquez sur les trois points en haut à droite, puis sélectionnez "Plus d'outils" > "Épingler à la barre des tâches".

4 Sauvegarder des pages web pour une lecture hors ligne
- Dans Edge, ouvrez le menu des favoris, sélectionnez "Lire plus tard", puis cliquez sur l'icône d'ajout pour sauvegarder la page web actuelle pour une lecture ultérieure hors ligne.

Productivité avec la suite Microsoft Office

Microsoft Word

Créez des documents professionnels avec des outils de mise en forme avancés, des modèles, et des options de collaboration en temps réel. Utilisez les styles pour maintenir une apparence cohérente et les commentaires pour collaborer avec d'autres.

Créer un document avec un modèle
- Lancez Word et choisissez "Nouveau" depuis l'écran d'accueil.
- Sélectionnez un modèle parmi ceux proposés ou utilisez la barre de recherche pour trouver un modèle spécifique.

Insérer un tableau
- Placez votre curseur à l'endroit où vous souhaitez insérer un tableau.
- Allez dans l'onglet "Insertion", cliquez sur "Tableau" et choisissez le nombre de colonnes et de rangées.

Utiliser le suivi des modifications
- Dans l'onglet "Révision", activez "Suivi des modifications" pour enregistrer les modifications effectuées par les différents réviseurs du document.

Microsoft Excel

Analysez des données avec des feuilles de calcul puissantes, utilisez des formules pour calculer des valeurs, et créez des graphiques pour visualiser vos données. Excel offre des outils d'analyse et de visualisation pour supporter une prise de décision éclairée.

Utiliser une formule simple
- Dans une nouvelle feuille Excel, tapez =2+2 dans une cellule et appuyez sur Entrée. Excel affichera le résultat de l'addition dans la cellule.

Créer un graphique
- Sélectionnez les cellules contenant les données que vous souhaitez représenter dans un graphique.
- Allez dans l'onglet "Insertion" et choisissez le type de graphique que vous souhaitez créer.

Utiliser des tableaux croisés dynamiques
- Sélectionnez votre plage de données, puis allez dans l'onglet "Insertion" et cliquez sur "Tableau croisé dynamique" pour analyser et résumer vos données de manière interactive.

Microsoft PowerPoint

Concevez des présentations impactantes avec des thèmes, des animations, et des transitions. PowerPoint facilite la création de contenu visuel engageant pour vos réunions et conférences.

Ajouter une transition à une diapositive
- Ouvrez votre présentation et sélectionnez la diapositive à laquelle vous souhaitez ajouter une transition.
- Dans l'onglet "Transitions", choisissez une transition dans la galerie.

Insérer une vidéo
- Sur la diapositive où vous voulez ajouter une vidéo, allez dans l'onglet "Insertion", puis cliquez sur "Vidéo" et choisissez "Vidéo sur mon PC" pour insérer une vidéo stockée localement.

Insérer des icônes ou des images libres de droits
- Dans l'onglet "Insertion", cliquez sur "Icônes" ou "Images en ligne" pour accéder à une large gamme d'images et d'icônes libres de droits que vous pouvez utiliser pour embellir vos présentations.

Microsoft Outlook

Gérez vos e-mails, calendrier, contacts, et tâches avec Outlook. Organisez votre boîte de réception avec des règles, planifiez des réunions, et partagez votre calendrier avec d'autres pour une meilleure collaboration.

Configurer un compte e-mail
- Lancez Outlook et accédez à Fichier > Ajouter un compte.
- Entrez votre adresse e-mail et suivez les instructions pour ajouter votre compte.

Programmer un e-mail
- Après avoir rédigé votre e-mail, cliquez sur le petit triangle à côté du bouton "Envoyer" et sélectionnez "Envoyer plus tard" pour choisir quand votre e-mail sera envoyé.

Utiliser les dossiers de recherche pour organiser les e-mails
- Cliquez avec le bouton droit sur "Dossiers de recherche" dans le volet de navigation d'Outlook et sélectionnez "Nouveau dossier de recherche" pour créer un dossier qui regroupe automatiquement les e-mails selon des critères spécifiques, comme les e-mails non lus ou importants.

Paramètres système et gestion des périphériques

Windows 11 simplifie la gestion des périphériques et des paramètres système. Dans Paramètres > Système > Affichage, vous pouvez ajuster la résolution de l'écran, la mise à l'échelle, et d'autres options d'affichage. Pour les périphériques, accédez à Paramètres > Périphériques pour ajouter ou configurer des imprimantes, scanners, et autres périphériques externes. Vous pouvez également personnaliser les paramètres audio, gérer les dispositifs de stockage, et ajuster les options d'alimentation pour optimiser la performance et l'autonomie de la batterie.

Ajouter une imprimante
- Accédez à Paramètres > Périphériques > Imprimantes et scanners > Ajouter une imprimante ou un scanner. Windows recherchera les imprimantes disponibles et vous pourrez sélectionner celle à ajouter.

Exemple :

1 Modifier les paramètres de souris
- Allez dans Paramètres > Périphériques > Souris.
- Ici, vous pouvez ajuster la vitesse du curseur, les boutons de la souris, et d'autres options.

2 Modifier la résolution de l'écran
- Accédez à Paramètres > Système > Affichage et sous la section "Mise à l'échelle et disposition", cliquez sur la résolution d'écran actuelle pour choisir une nouvelle résolution dans la liste déroulante.

3 Gérer les plans d'alimentation

- Dans Paramètres > Système > Alimentation et mise en veille, cliquez sur "Paramètres d'alimentation supplémentaires" pour choisir ou personnaliser un plan d'alimentation, optimisant les performances ou l'économie d'énergie selon vos besoins.

Raccourcis clavier

Les raccourcis clavier dans Windows 11 peuvent considérablement améliorer votre efficacité. Voici quelques-uns des plus utiles :
- **Windows + A** : Ouvre le Centre d'action.-
Windows + D : Affiche le bureau.
- **Windows + E** : Ouvre l'Explorateur de fichiers.
- **Windows + I** : Ouvre les Paramètres.
- **Windows + S** : Ouvre la recherche.
- **Alt + Tab** : Permet de basculer entre les applications ouvertes.

Exemple :
1 Ouvrir le Gestionnaire des tâches**
- Utilisez le raccourci Ctrl + Shift + Esc pour ouvrir rapidement le Gestionnaire des tâches et vérifier les applications en cours ou terminer des tâches non répondantes.

2 Accéder rapidement aux paramètres
- Utilisez le raccourci Windows + I pour ouvrir directement les Paramètres de Windows 11, vous permettant d'ajuster votre système sans naviguer à travers le menu Démarrer.

3 Lancer l'assistant vocal Cortana
- Utilisez le raccourci Windows + C pour lancer Cortana et commencer à utiliser la commande vocale (si activé dans les paramètres de Cortana).

4 Verrouiller rapidement votre PC
- Appuyez sur Windows + L pour verrouiller votre ordinateur immédiatement, sécurisant votre session lorsque vous vous éloignez de votre PC.

Astuces pour une utilisation avancée

Pour les utilisateurs avancés, Windows 11 offre des fonctionnalités telles que les bureaux virtuels pour mieux organiser les tâches et les projets, l'accès rapide à PowerShell ou l'invite de commande pour la gestion de système avancée, et l'application Votre Téléphone pour intégrer votre expérience mobile avec votre PC. Explorer ces outils peut améliorer votre productivité et personnaliser davantage votre expérience Windows.

Exemple :
1 Utiliser les bureaux virtuels
- Appuyez sur Windows + Tab pour accéder à la vue des tâches.
- Cliquez sur "Nouveau bureau" en haut de l'écran pour créer un bureau virtuel, vous permettant de séparer les tâches et les projets pour une meilleure organisation.

2 Utiliser l'Historique des fichiers pour sauvegarder des documents
- Allez dans Paramètres > Mise à jour et sécurité > Sauvegarde.
- Configurez l'Historique des fichiers pour sauvegarder automatiquement vos dossiers Documents, Images, et Bureau sur un disque externe ou réseau.

3 Accéder rapidement aux paramètres de l'application active
- Appuyez sur Windows + Alt + Entrée pour ouvrir les paramètres de l'application en cours d'utilisation, si l'application supporte cette fonctionnalité.

4 Utiliser l'invite de commande pour des tâches avancées

- Faites un clic droit sur le menu Démarrer et sélectionnez "Invite de commande (admin)" pour ouvrir une fenêtre de commande avec des droits administrateur, vous permettant d'exécuter des commandes avancées pour la gestion du système.

Intelligence Artificielle de Microsoft dans Windows 11

La récente intégration de l'intelligence artificielle dans Windows 11 se matérialise principalement à travers Copilot, un outil révolutionnaire conçu pour améliorer significativement la productivité et la créativité des utilisateurs. Avec Copilot, Microsoft introduit une interface capable de fournir des réponses pertinentes, des suggestions créatives, et des solutions pratiques pour une large gamme de requêtes et de projets. Accessible directement depuis la barre des tâches ou via un raccourci (Windows + C), Copilot s'annonce comme une avancée majeure, en permettant une interaction naturelle et intuitive avec l'ordinateur.

L'intelligence artificielle de Copilot ne se limite pas à la conversation. Elle s'intègre profondément dans le système d'exploitation pour offrir des fonctionnalités telles que la réorganisation des fenêtres à l'écran, la modification des paramètres Windows, ou encore le résumé de contenus sans nécessiter de copier-coller. Cette intégration marque une étape importante dans l'évolution de Windows, rendant l'IA générative de GPT-4 d'OpenAI accessible pour des tâches quotidiennes plus efficaces et personnalisées.

En plus de Copilot, Microsoft a enrichi ses applications comme Paint et Photos avec des capacités basées sur l'IA, offrant des outils de création et de gestion d'images plus puissants et accessibles. Par exemple, Paint bénéficie désormais de la suppression d'arrière-plan et de l'ajout de calques, tandis que Photos permet une recherche et un tri d'images facilités par l'IA. Ces améliorations reflètent la volonté de Microsoft d'exploiter l'intelligence artificielle pour enrichir l'expérience utilisateur à travers son écosystème de logiciels.

L'arrivée de DALL-E 3, un générateur d'images basé sur l'IA, est également annoncée. Cette technologie permet de créer des images originales à partir de descriptions textuelles, ouvrant de nouvelles perspectives pour les utilisateurs qui ont besoin d'images sur mesure sans compétences spécifiques en design graphique.

Avec ces innovations, Windows 11 se positionne à l'avant-garde de l'utilisation de l'intelligence artificielle dans les systèmes d'exploitation grand public, promettant une ère nouvelle d'interaction homme-machine plus riche, intuitive et créative.Ce contenu couvre les fondamentaux de Windows 11 et la suite Microsoft Office, c'est un bon point de départ pour te familiariser avec ton nouvel ordinateur.

Avec l'intégration de Copilot dans Windows 11, Microsoft ouvre un large éventail de possibilités d'utilisation, tirant parti de l'intelligence artificielle pour simplifier, automatiser et enrichir l'expérience utilisateur. Voici quelques exemples concrets de ce que Copilot permet de faire, illustrant sa polyvalence et son impact potentiel sur la productivité et la créativité :

Exemples d'Utilisation de Copilot dans Windows 11
1 Aide à la Rédaction et à la Créativité

Création de Contenu: Demandez à Copilot de vous aider à rédiger des e-mails, des documents, ou même des histoires courtes. Par exemple, vous pourriez lui dire : "Écris un e-mail annonçant le lancement de notre nouveau produit".

Suggestion d'Idées: Lorsque vous êtes en quête d'inspiration pour un projet créatif, Copilot peut vous proposer des idées basées sur des descriptions vagues ou des mots-clés.

2 Assistance Personnelle

Configuration Rapide du Système: Commandez à Copilot d'activer le mode Ne pas déranger, de passer en mode sombre ou d'ouvrir des paramètres spécifiques sans naviguer dans les menus.

Rappels et Organisation: Utilisez Copilot pour configurer des rappels ou organiser votre calendrier en lui donnant des instructions vocales ou textuelles.

3 Interaction avec les Applications

Opérations dans Microsoft Office: Demandez à Copilot de vous aider avec des tâches spécifiques dans Word, Excel ou PowerPoint, comme la création d'un tableau croisé dynamique ou la conception d'une mise en page.

Gestion de Fichiers et Recherche: Copilot peut vous assister dans la recherche et l'organisation de vos fichiers, en vous aidant à trouver rapidement des documents ou des images stockés sur votre ordinateur.

4 Création et Édition d'Images

Édition avec Paint et Photos: Demandez à Copilot de retirer l'arrière-plan d'une image ou de trier vos photos en utilisant des critères spécifiques, rendant l'édition et la gestion des images plus intuitives et moins chronophages.
Génération d'Images avec DALL-E 3: Fournissez à Copilot une description textuelle pour générer des images originales avec DALL-E 3, idéal pour les projets créatifs nécessitant des visuels uniques.

4 Améliorations de Productivité

Résumés et Analyses: Copilot peut résumer des documents longs ou des articles en ligne, vous aidant à comprendre rapidement le contenu essentiel sans avoir à tout lire.
Automatisation de Tâches Répétitives: Simplifiez les tâches répétitives en demandant à Copilot de les exécuter pour vous, comme prendre des captures d'écran ou changer régulièrement votre fond d'écran.

Ces exemples montrent comment Copilot, grâce à sa capacité à comprendre et à exécuter une grande variété de commandes, peut servir d'assistant virtuel améliorant significativement l'interaction avec Windows

Que ce soit pour des tâches quotidiennes, professionnelles, ou créatives, Copilot s'adapte pour offrir une expérience utilisateur enrichie et personnalisée.

À bientôt !